EXODUS OF DINOSAURS
- The Story of Troo, an Evolutive Dinosaur
Text by Setsuko Haneda ⓒ Ryuya Haneda 1999
Illustrations by Tatsuhide Matsuoka ⓒ Tatsuhide Matsuoka 1999
Originally published by Fukuinkan Shoten Publishers, Inc., Tokyo, Japan, in 1999
under the title of "kyouryuu-tachi no Daidasshutsu"
The Korean rights arranged with Fukuinkan Shoten Publishers, Inc., Tokyo All rights reserved.
The Korean translation copyright ⓒ 2020 by Jinsun Publishing Co., Ltd.

이 책의 한국어판 저작권은 JMCA를 통한 저작권자와의 독점 계약으로 진선출판사가 소유합니다.
신 저작권법에 의하여 한국 내에서 보호를 받는 저작물이므로 무단전재와 무단복제를 금합니다.

· 진화 공룡 트로오 이야기 ·

공룡 지구 대탈출

마쓰오카 다쓰히데 그림 · 하네다 세쓰코 글 · 박지석 옮김

갑자기 움직이기 시작하자

공룡이 살던 백악기의 지구가 되었다.

백악기는 공룡이 살던 중생대 중 약 1억 4,500만 년 전부터 6,500만 년 전까지를 말한다.

1. 프테라노돈 → 57쪽 2. 사우롤로푸스 → 30쪽 3. 코리토사우루스 → 31쪽

1. 먹이를 찾아 이동하는 알라모사우루스의 무리 2. 알라모사우루스

3. 테논토사우루스 → 47쪽   4. 트리케라톱스 → 51쪽

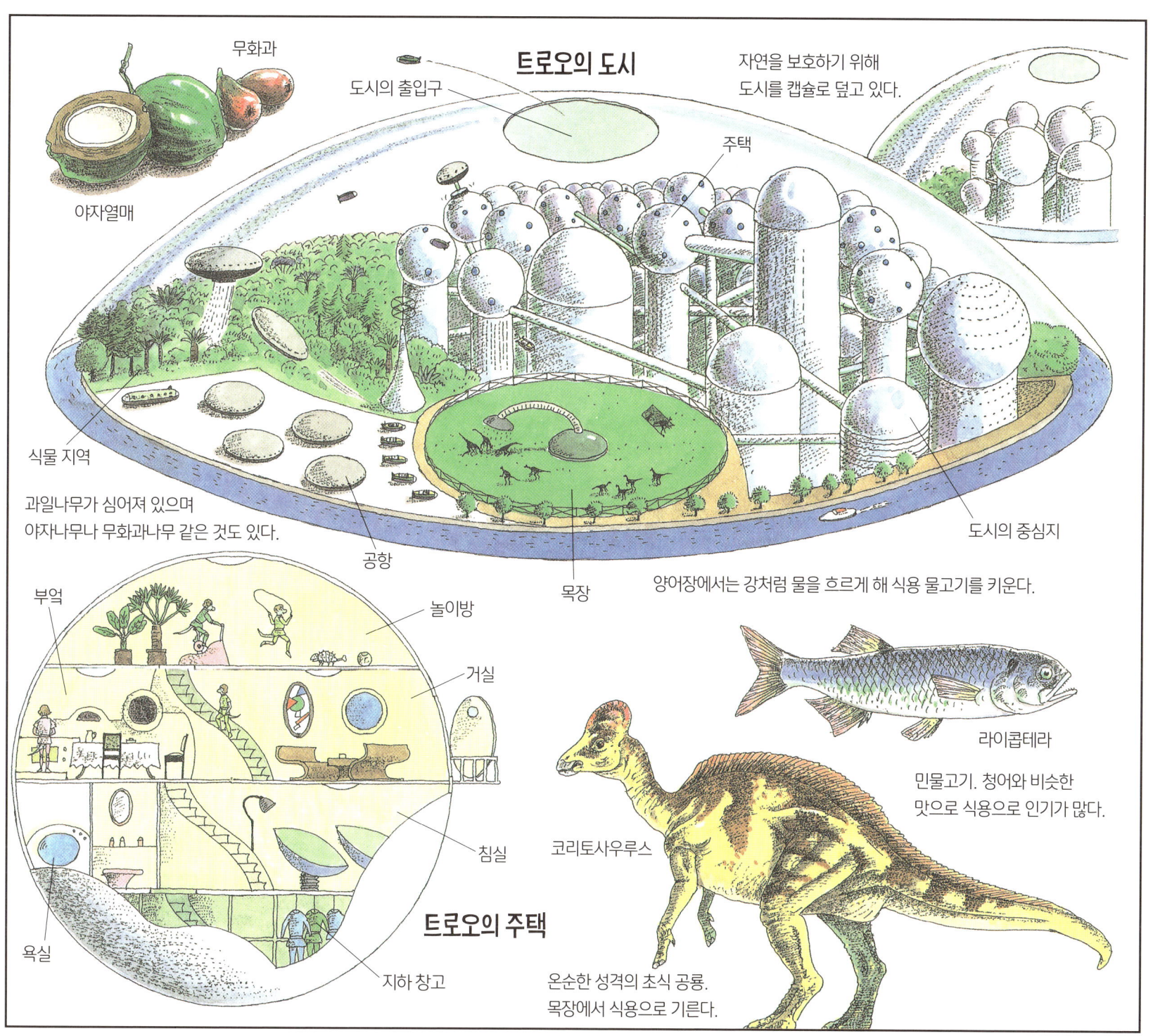

'유성체'란 행성들 사이에 떠 있는 암석 조각을 말한다. 이것이 지구 대기권으로 들어오면 '유성'이 되고, 지구상에 떨어지면 '운석'이 된다.

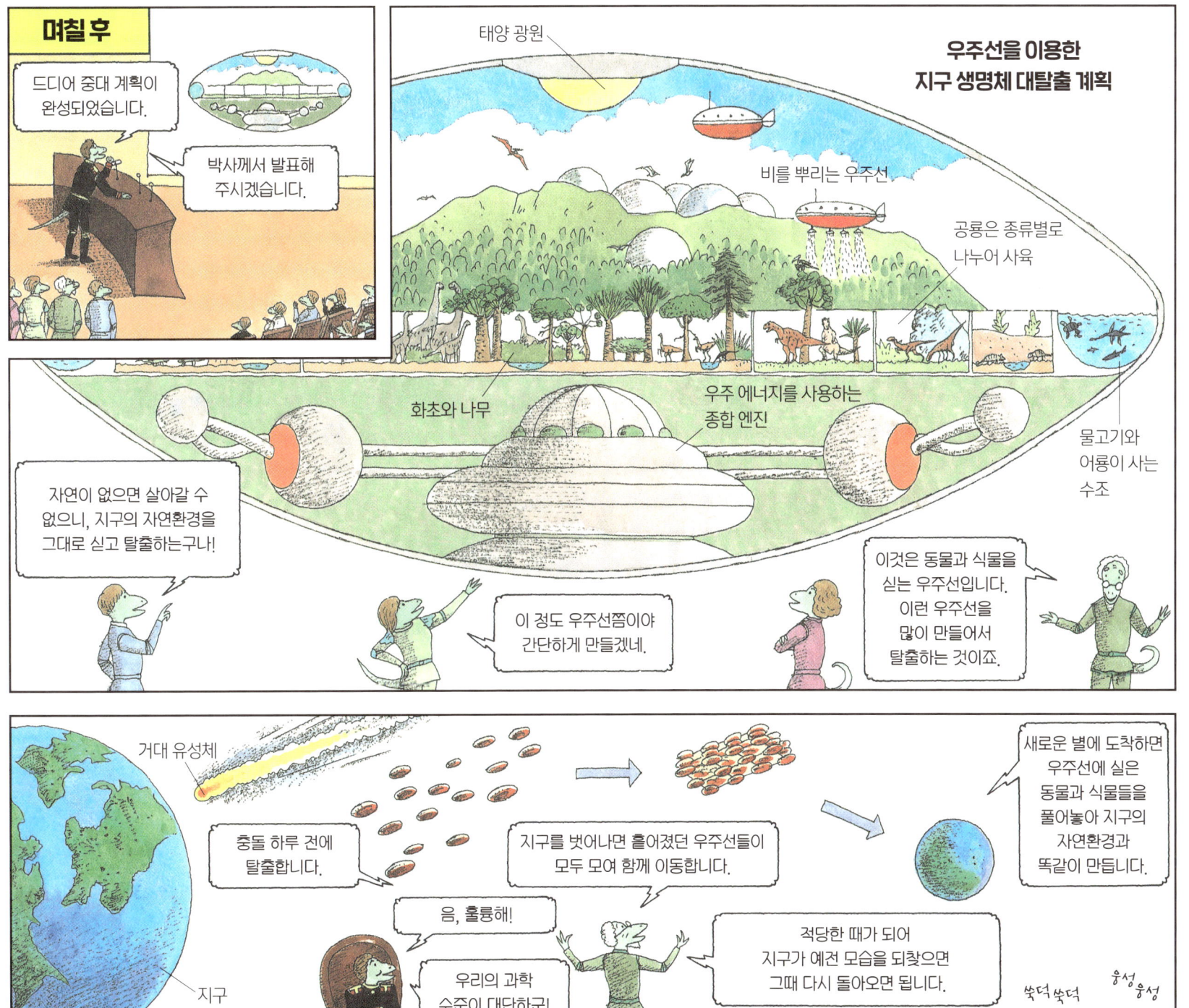

알라모사우루스는 백악기 후기의 대형 초식 공룡으로 전체 길이가 약 21m. 케찰코아틀루스는 대형 익룡 → 57쪽

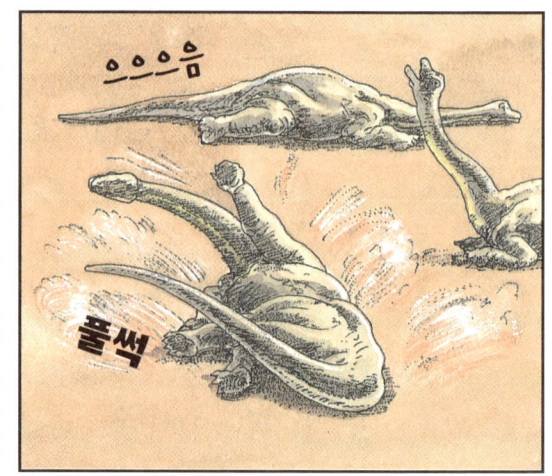

천둥룡

쥐라기에 번성했던 거대한 육상 공룡으로 덩치가 워낙 커서 걸을 때 천둥소리가 났을 것이라 하여 이런 이름이 붙었다. 목과 꼬리가 길고 몸에 비해 머리는 매우 작다. 초식성으로 거대한 몸을 유지하기 위해 하루 종일 많은 양을 먹었다. 목이 길어서 몸을 움직이지 않고도 두루두루 식물을 먹을 수 있었다. 아파토사우루스 종류는 턱 앞쪽에 줄지어 나 있는, 뭉툭한 연필 모양의 이빨로 나뭇잎을 훑어 통째로 삼켰다. 천둥룡들은 돌을 삼켜서 먹은 것을 잘게 부쉈다. 콧구멍이 머리 꼭대기에 있어 먼 곳의 냄새를 잘 맡지 못했다. 대형 공룡들은 수명이 길었는데, 브라키오사우루스는 114년이나 살았다고 한다.

덩치가 제일 크다고 알려져 왔지만 최근 더 큰 공룡 화석이 발견되었다.

세이스모사우루스
42m, 쥐라기 후기, 미국.

목이 두껍다.

아파토사우루스
21~26m, 쥐라기 후기, 미국.

쥐라기는 2억 800만 년 전부터 1억 4,500만 년 전까지, 백악기는 1억 4,500만 년 전부터 6,500만 년 전까지.

아르젠티노사우루스
35~45m, 백악기 후기, 아르헨티나. 등뼈 1개의 높이가 1.6m, 넓적다리의 길이는 2.3m, 체중은 80~100톤이다. 전체 길이가 60m가 넘는 것이 발견되기도 했다.

아르젠티노사우루스의 이빨은 빗 모양이다.

마멘키사우루스
22~26m, 쥐라기 후기, 중국, 몽골. 목이 전체 길이의 절반을 차지한다.

브라키오사우루스
22~30m, 쥐라기 후기, 미국, 포르투갈, 알제리, 탄자니아. 앞다리가 뒷다리보다 길어서 높은 나뭇가지 끝에 달린 나뭇잎을 먹기에 편리했다.

아마르가사우루스
10~12m, 백악기 전기, 아르헨티나. 목과 등뼈에 가시 모양의 돌기가 나 있었다.

살타사우루스
12m, 백악기 후기, 아르헨티나, 우루과이. 등이 갑옷 모양이다.

디플로도쿠스
27m, 쥐라기 후기, 미국. 꼬리가 전체 길이의 절반 이상을 차지한다.

크기를 비교해 보자.

공룡의 이름, 전체 길이(입 끝에서 꼬리 끝까지), 살았던 시대, 화석 발견지, 특징순이다.

티라노사우루스는 백악기 후기의 대형 육식 공룡으로 제일 포악한 종류로 알려져 있다. → 38쪽

검룡과 갑옷 공룡

검룡은 초식성으로 등에 골판이나 가시가 나 있다. 골판은 체온을 조절하고, 몸을 보호하는 역할을 했다. 머리는 작은 편으로, 스테고사우루스의 뇌는 호두 정도의 크기다. 꼬리에 있는 뾰족한 골침이 검룡의 주요 무기이다. 육식 공룡의 화석에서 검룡 꼬리에 상처 입은 흔적이 자주 발견된다. 이빨이 없으며 부드러운 잎이나 수초를 먹었다.

스테고사우루스
7~9m, 쥐라기 후기, 미국.
검룡 중에 몸집이 가장 크다.

켄트로사우루스
2.5~5m, 쥐라기 후기, 탄자니아.
등 아래쪽에 날카로운 골침이 있으며, 어깨에도 골침이 있다.

에마우사우루스
2~3m, 쥐라기 전기, 독일.
검룡과도 닮은 점이 있는 원시적인 갑옷 공룡이다.

스켈리도사우루스
3~4m, 쥐라기 전기, 영국, 미국.
원시적인 갑옷 공룡이다.

꼬리 끝에 뼈뭉치가 있는 갑옷 공룡이다.

폴라칸투스
3~4m, 백악기 전기, 영국.

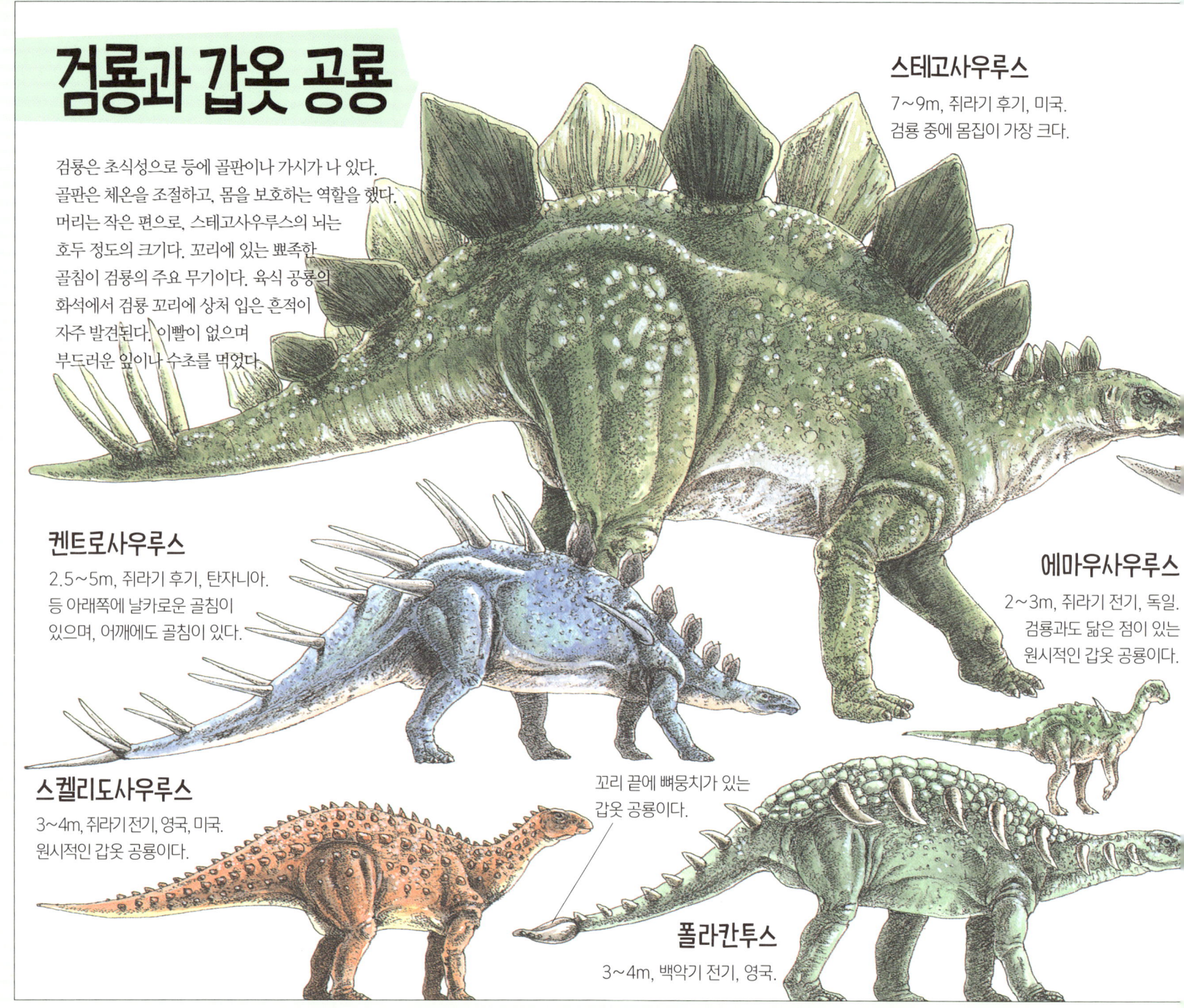

쥐라기는 2억 800만 년 전부터 1억 4,500만 년 전까지, 백악기는 1억 4,500만 년 전부터 6,500만 년 전까지.

갑옷 공룡의 머리와 몸은 단단한 등껍질로 덮혀 있고 머리는 폭이 넓고 평평하다. 땅에 웅크리고 앉아 육식 공룡에 대항하거나, 꼬리에 있는 곤봉 모양의 뼈뭉치를 휘두르며 싸웠다. 뼈뭉치가 없는 종류는 몸을 지키기 위해 그만큼 등껍질이 두꺼웠다. 자유롭게 움직이는 혀가 있어서 입 속에서 먹이를 씹을 수 있었다. 백악기에 번성했다.

안킬로사우루스
9~11m, 백악기 후기, 캐나다, 미국. 갑옷 공룡 중에 가장 컸고, 백악기 후기의 대멸종 때까지 살았다.

파노플로사우루스
7m, 백악기 후기, 캐나다, 미국. 이름은 '갑옷으로 완전히 덮힌 도마뱀'이라는 뜻이다.

에드몬토니아
6~7m, 백악기 후기, 캐나다, 미국. 어깨에 두 갈래의 단단한 골침이 있다.

유오플로케팔루스
7m, 백악기 후기, 캐나다, 미국. 유오플로케팔루스의 뼈뭉치에 상처를 입은 티라노사우루스의 화석이 발견되었다.

크기를 비교해 보자.

공룡의 이름, 전체 길이(입 끝에서 꼬리 끝까지), 살았던 시대, 화석 발견지, 특징순이다.

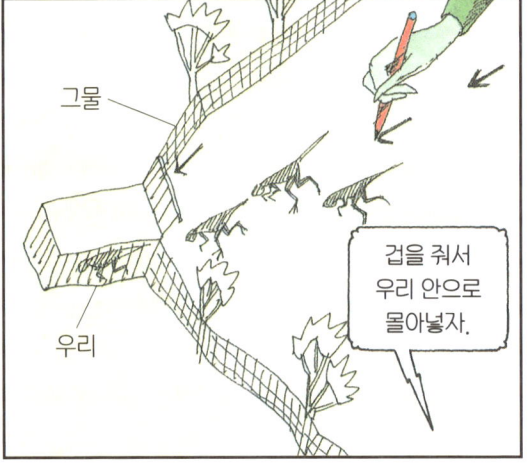

파키케팔로사우루스는 백악기 후기의 박치기 공룡 → 27쪽

박치기 공룡

헬멧처럼 크고 두꺼운 머리뼈를 가진 공룡이다. 가장 큰 파키케팔로사우루스의 머리뼈는 두께가 25cm나 되지만 뇌는 작다. 머리 모양이 비교적 평평한 고요케팔레 등은 원시적인 종류이고, 혹처럼 솟은 것은 진화한 종류이다. 눈이 크고 시력이 좋았다. 무리의 서열을 정하려고 서로 박치기를 했으리라 추정된다. 스티기몰로크는 박치기를 하지 않고 머리 주변에 난 골침의 크기와 모양으로 서열을 정했을 것으로 보인다. 주로 식물을 먹지만 곤충이나 작은 동물도 먹었다. 뒷다리로만 서서 두 발로 걷는 이족 보행을 했다.

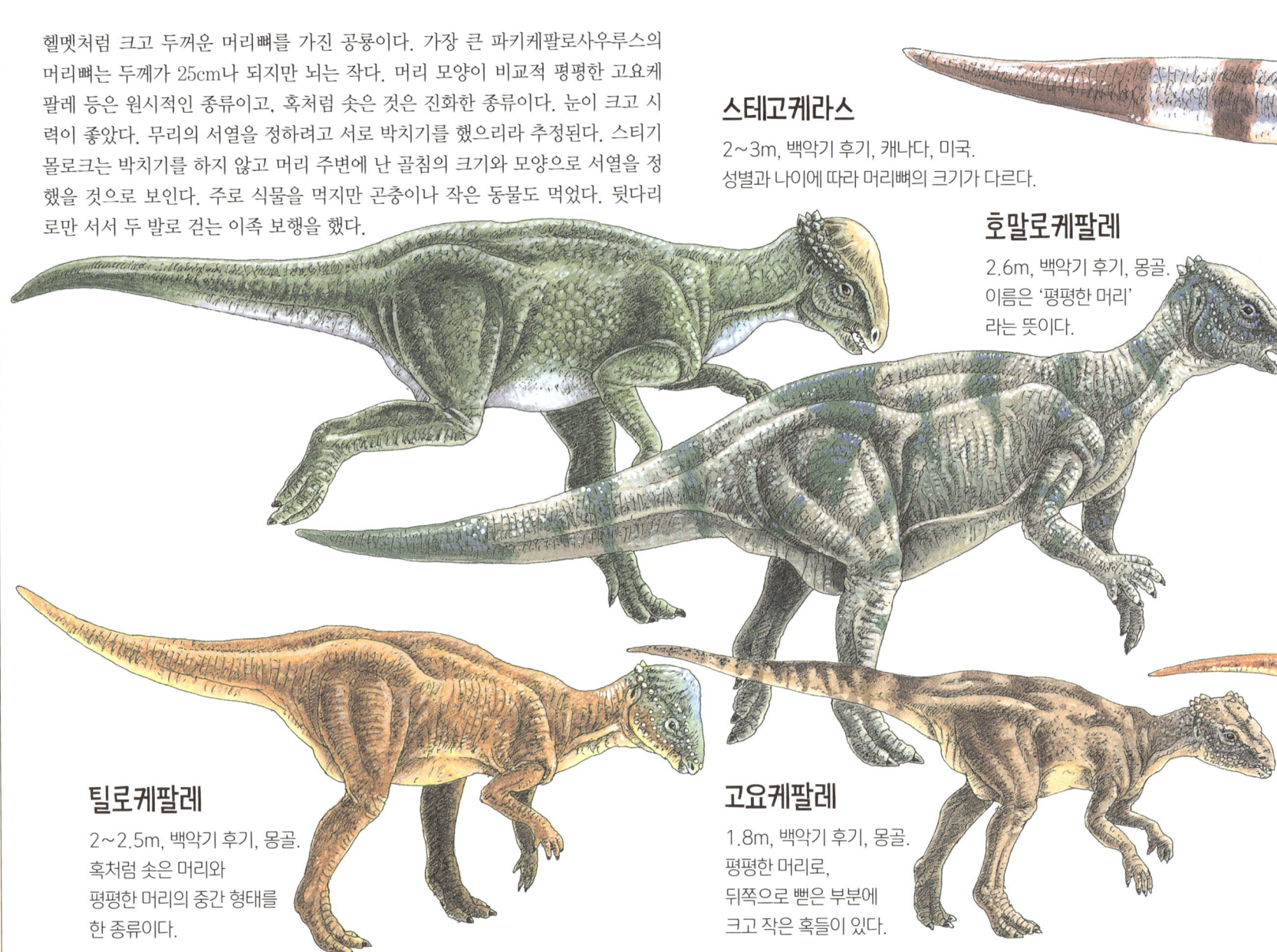

스테고케라스
2~3m, 백악기 후기, 캐나다, 미국.
성별과 나이에 따라 머리뼈의 크기가 다르다.

호말로케팔레
2.6m, 백악기 후기, 몽골.
이름은 '평평한 머리'라는 뜻이다.

틸로케팔레
2~2.5m, 백악기 후기, 몽골.
혹처럼 솟은 머리와 평평한 머리의 중간 형태를 한 종류이다.

고요케팔레
1.8m, 백악기 후기, 몽골.
평평한 머리로, 뒤쪽으로 뻗은 부분에 크고 작은 혹들이 있다.

쥐라기는 2억 800만 년 전부터 1억 4,500만 년 전까지, 백악기는 1억 4,500만 년 전부터 6,500만 년 전까지.

마이아사우라는 백악기 후기의 오리주둥이 공룡으로, 이름은 '훌륭한 어미 도마뱀'이라는 뜻이다. → 31쪽

람베오사우루스는 백악기 후기의 오리주둥이 공룡으로 머리에 볏이 있다. → 30쪽

오리주둥이 공룡

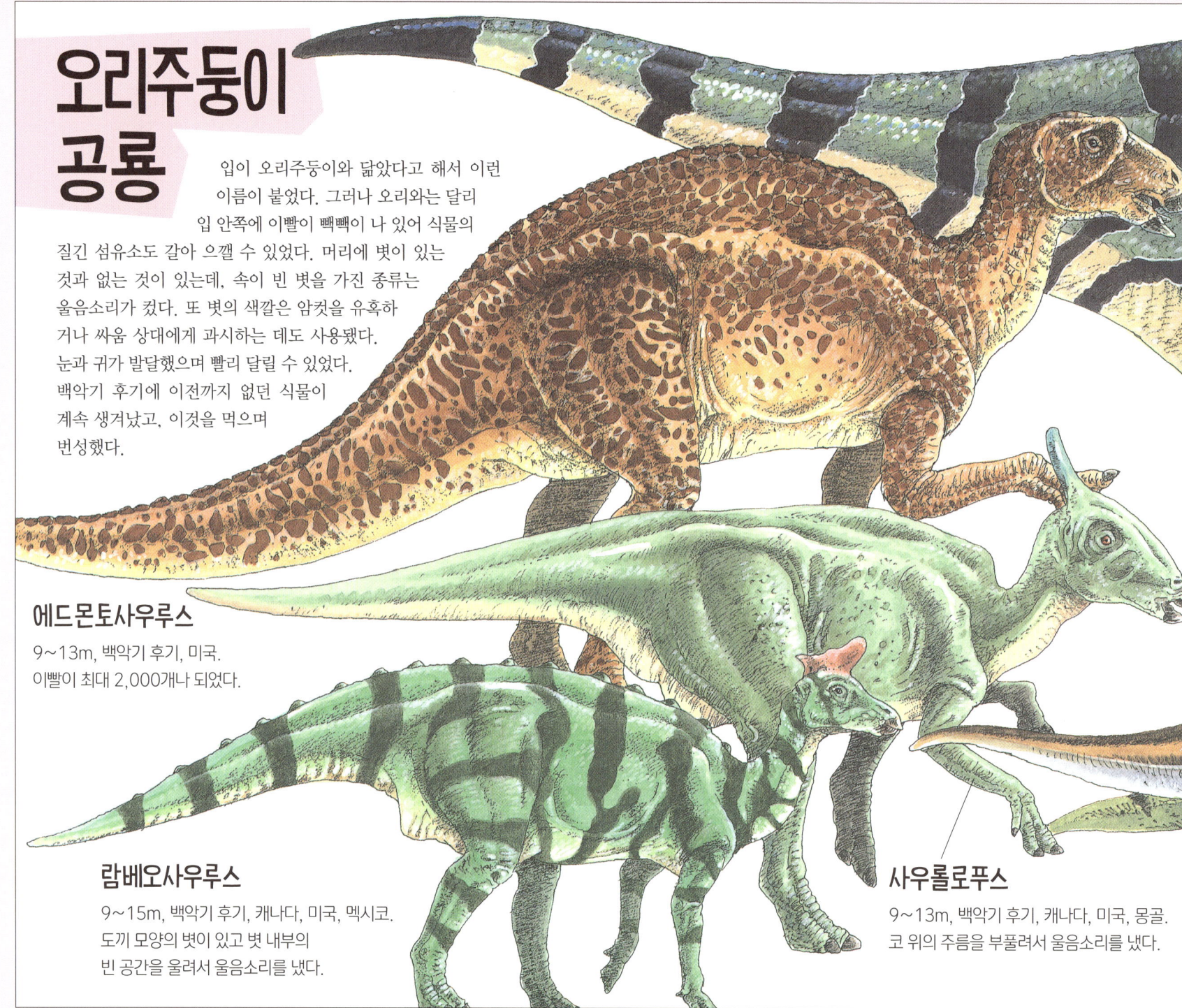

입이 오리주둥이와 닮았다고 해서 이런 이름이 붙었다. 그러나 오리와는 달리 입 안쪽에 이빨이 빽빽이 나 있어 식물의 질긴 섬유소도 갈아 으깰 수 있었다. 머리에 볏이 있는 것과 없는 것이 있는데, 속이 빈 볏을 가진 종류는 울음소리가 컸다. 또 볏의 색깔은 암컷을 유혹하거나 싸움 상대에게 과시하는 데도 사용됐다. 눈과 귀가 발달했으며 빨리 달릴 수 있었다. 백악기 후기에 이전까지 없던 식물이 계속 생겨났고, 이것을 먹으며 번성했다.

에드몬토사우루스
9~13m, 백악기 후기, 미국.
이빨이 최대 2,000개나 되었다.

람베오사우루스
9~15m, 백악기 후기, 캐나다, 미국, 멕시코.
도끼 모양의 볏이 있고 볏 내부의 빈 공간을 울려서 울음소리를 냈다.

사우롤로푸스
9~13m, 백악기 후기, 캐나다, 미국, 몽골.
코 위의 주름을 부풀려서 울음소리를 냈다.

쥐라기는 2억 800만 년 전부터 1억 4,500만 년 전까지, 백악기는 1억 4,500만 년 전부터 6,500만 년 전까지.

산퉁고사우루스 15~17m, 백악기 후기, 중국. 두 발로 걷는 공룡 중에 가장 컸고, 몸이 무거워서 네발로 걸을 때도 있었다.

코리토사우루스의 콧구멍은 머리 위에 있는 빈 공간과 이어져 있다.

파라사우롤로푸스 10m, 백악기 후기, 캐나다, 미국. 머리 뒤쪽에 1m나 되는 볏이 있어 호른 같은 울음소리를 냈을 것이다.

코리토사우루스 9m, 백악기 후기, 캐나다, 미국. 반원형의 얇은 볏은 나이 또는 성별에 따라 크기가 달랐다.

마이아사우라 9m, 백악기 후기, 캐나다, 미국. 집단 서식지에서 많은 화석이 발견되어 새끼를 키운다는 것이 알려졌다.

하드로사우루스 10m, 백악기 후기, 캐나다, 미국. 볏이 없고 네발로 보행하기도 했다.

공룡의 이름, 전체 길이(입 끝에서 꼬리 끝까지), 살았던 시대, 화석 발견지, 특징순이다.

데이노니쿠스는 백악기 전기의 육식 공룡으로 예리한 갈고리 발톱으로 초식 공룡을 습격했다. → 40쪽

프테라노돈은 백악기 전기~후기의 익룡으로 바다 근처에 살면서 작은 동물, 물고기 등을 잡아먹었다. → 57쪽

육식 공룡 (1)

육식 공룡은 대단히 번성했던 무리로 쥐라기 초기부터 백악기 후기까지 오랜 기간 전 세계에 분포했다. 근육질의 목으로 거대한 머리를 지탱했으며 무거운 꼬리로 균형을 잡고 튼튼한 뒷다리로 걸었다. 앞다리는 작게 퇴화되어 사냥하는 데는 도움이 되지 못했다. 사냥 무기로는 힘센 아래턱과 예리한 이빨을 사용했고, 이빨은 계속해서 새롭게 자라서 교체됐다. 눈이 정면을 향하기 때문에 입체적으로 사물을 보고 거리를 정확하게 잴 수 있었다. 또 후각이 매우 발달해 사냥감을 잘 찾아냈다. 살아 있는 공룡을 공격하는 것 외에 죽은 동물도 먹었다. 티라노사우루스는 소수의 가족 집단을 이루며 자신과 비슷한 크기의 종류부터 작은 종류까지 사냥했다. 알로사우루스는 큰 무리를 이루어 대형 초식 공룡을 공격했다.

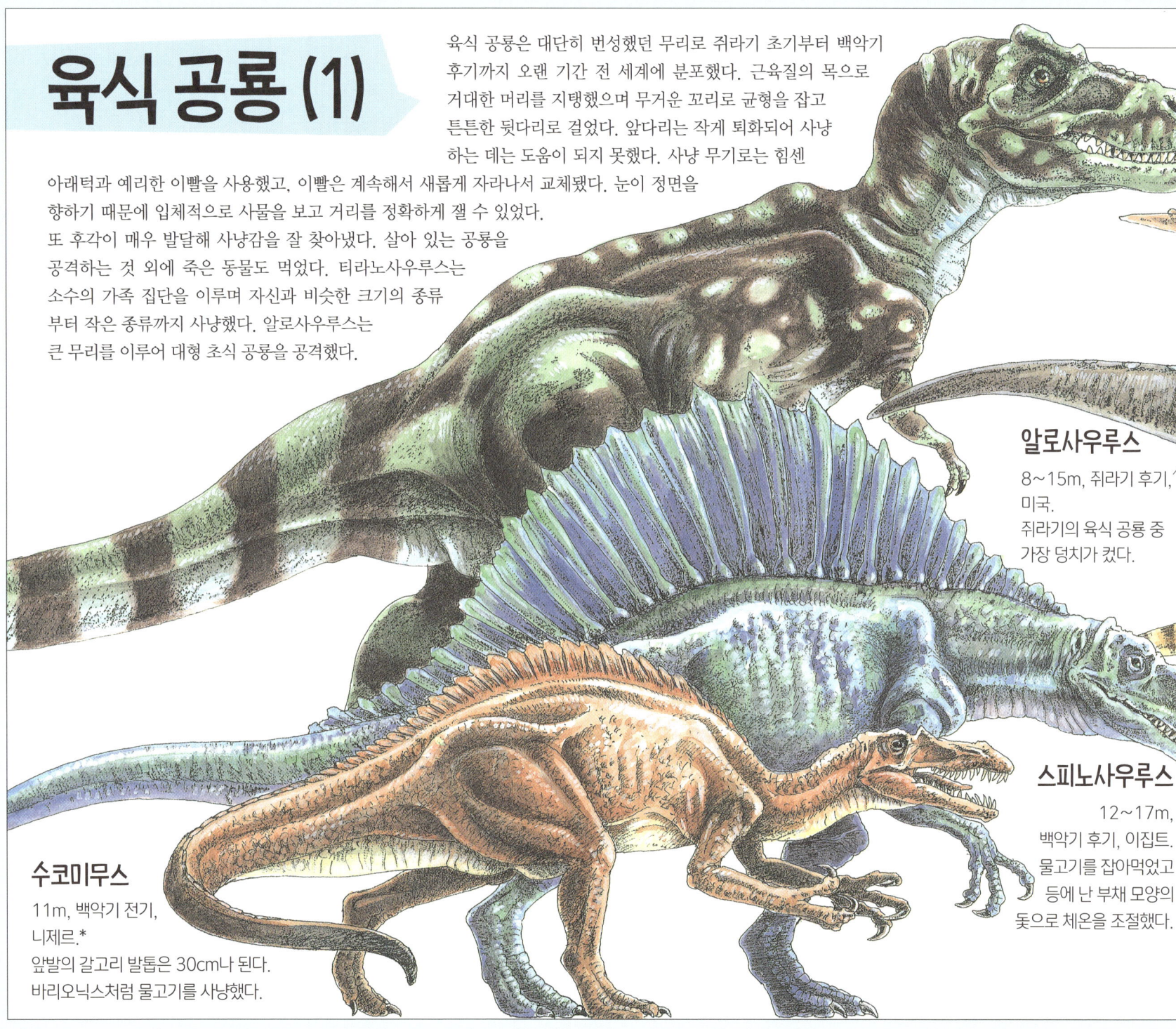

알로사우루스
8~15m, 쥐라기 후기, 미국.
쥐라기의 육식 공룡 중 가장 덩치가 컸다.

스피노사우루스
12~17m, 백악기 후기, 이집트.
물고기를 잡아먹었고 등에 난 부채 모양의 돛으로 체온을 조절했다.

수코미무스
11m, 백악기 전기, 니제르.*
앞발의 갈고리 발톱은 30cm나 된다.
바리오닉스처럼 물고기를 사냥했다.

*니제르는 아프리카 서부의 사하라 사막 남쪽에 있는 공화국. 쥐라기는 2억 800만 년 전부터 1억 4,500만 년까지, 백악기는 1억 4,500만 년 전부터 6,500만 년까지.

육식 공룡 (2)

비교적 작고 대단히 민첩한 육식 공룡도 있었다. 이들은 힘차게 뻗은 꼬리로 균형을 잡고 빨리 달릴 수 있었다. 앞발의 길고 날카로운 갈고리 발톱으로 사냥감을 공격했다. 뒷발의 안쪽 발톱은 크고 예리하며, 자유롭게 올리거나 내릴 수 있고 걸을 때 지면에 닿지 않는다. 몽골에서 벨로키랍토르가 비슷한 크기의 프로토케라톱스와 격투를 벌이는 모습의 화석이 발견되었다. 무리 지어 사냥하는 종류가 많았다. 트로오돈은 눈이 대단히 크고 앞을 향해 있기 때문에 사물을 입체적으로 봤다. 또, 뇌가 매우 크고 지능이 높은 데다 예리한 갈고리 발톱이 있어서 사냥감을 꽉 움켜쥘 수 있었다.

딜로포사우루스
6~7m, 쥐라기 전기, 미국, 중국.
반원형의 접시를 두 장 세운 것 같은 큰 볏이 있다. 턱이 약해서 작거나 죽은 동물을 먹었다.

트로오돈
2~3.5m, 백악기 후기, 캐나다, 미국.
지능이 높다. 이 책의 주인공 '트로오'의 모델이다.

데이노니쿠스
2.5~4m, 백악기 전기, 미국.
뒷발의 갈고리 발톱을 써서 사냥감을 공격했다.
안으로 향한 이빨과 튼튼한 목으로 사냥감을 물어뜯었다.

데이노니쿠스의 발톱은 잭나이프처럼 회전한다.

쥐라기는 2억 800만 년 전부터 1억 4,500만 년까지, 백악기는 1억 4,500만 년 전부터 6,500만 년까지.

메가랍토르
6~8m, 백악기 후기, 아르헨티나.
갈고리 발톱은 40cm, 체중은 2톤으로 최강의 육식 공룡이라고 불린다.

드로마에오사우루스
1.8~2.5m, 백악기 후기, 캐나다, 미국.
튼튼한 턱으로 사냥감을 물어 죽였다.
리카온(아프리카들개)처럼 집단으로 사냥했다.

사우로르니토이데스
2~3.5m, 백악기 후기, 몽골, 중국, 타지키스탄.
뇌가 크고 지능이 높다.
눈이 크고 밤에도 사냥할 수 있었다.

벨로키랍토르
2m, 백악기 후기, 몽골, 중국.
작은 체구지만 뒷발에 날카로운 갈고리 발톱을 가진 사나운 공룡이다.

공룡의 이름, 전체 길이(입 끝에서 꼬리 끝까지), 살았던 시대, 화석 발견지, 특징순이다.

타조 공룡과 새를 닮은 공룡

목이 가늘고 길며 눈이 크고 강력한 뒷다리를 가졌다. 가늘고 긴 주둥이가 타조와 많이 닮았다. 뒷다리의 정강이가 길어서 타조처럼 매우 빨리 달릴 수 있었다. 원래 육식 공룡이었지만, 오르니토미무스와 드로미케이오미무스 같은 진화된 타조 공룡은 이빨이 없는 잡식성으로 곤충 같은 작은 동물이나 물고기, 나뭇잎 등을 먹었다. 펠레카니미무스는 목에 주머니가 있어서 '펠리컨을 닮은 동물'이라는 이름이 붙었는데, 가장 오래된 타조 공룡으로 주둥이에 이빨이 200개나 있다. 오비랍토르는 알 주위에서 화석으로 발견되어 '알 도둑'이라는 이름이 붙여졌지만, 사실은 자신의 알을 지키고 있던 것으로 밝혀졌다.

드로미케이오미무스
2~3.5m, 백악기 후기, 캐나다.
시속 50km 이상으로 달렸다.

오르니토미무스
2.5~3m, 백악기 전기~후기,
캐나다, 미국.
빠른 속도로 달렸고
눈과 뇌도 크다.

펠레카니미무스
1.5~2m, 백악기 전기, 스페인.
목에 펠리컨처럼 주머니가 있다.

쥐라기는 2억 800만 년 전부터 1억 4,500만 년까지, 백악기는 1억 4,500만 년 전부터 6,500만 년까지.

테논토사우루스는 백악기 전기의 초식 공룡이다. 데이노니쿠스가 테논토사우루스를 습격하는 모습의 화석이 발견되었다. → 47쪽

이구아노돈은 백악기 전기의 초식 공룡으로, 괴수 영화 〈고질라〉의 모델이 되었다. → 46쪽

이구아노돈과 힙실로포돈 종류

이 무리는 쥐라기 후기부터 공룡이 전멸한 백악기 후기까지 1억 년 이상이나 존재한 초식 공룡이다. 입 끝은 단단한 부리로 돼 있고 이빨이 많았다. 볼이 있어서 식물을 흘리지 않고 씹을 수 있었다. 대부분 두 발로 서서 걸어 다녔지만 덩치가 커서 네발로 걷는 종류도 있었다. 이구아노돈은 처음 발견된 공룡으로 이빨이 이구아나와 닮아서 '이구아나의 이빨'이라는 이름이 붙여졌다. 앞발의 엄지발가락은 송곳 모양으로 생겼는데, 무기로 사용되었을 것으로 보인다. 오우라노사우루스는 열대에 살았고, 부채 모양의 돛은 체온을 조절하는 데 썼을 것이다. 오로드로메우스는 둥지를 만들고 한번에 20~30개의 알을 낳아 나선형으로 깔아 놓았다. 이들 초식 공룡은 육식 공룡의 먹이가 되었다.

이구아노돈
6~10m, 백악기 전기, 미국, 영국, 독일, 스페인, 벨기에, 몽골 등. 세계 각지에서 발견된다.

드리오사우루스
2.7~3.4m, 쥐라기 후기, 미국, 아프리카, 호주, 유럽. 이구아노돈과 힙실로포돈의 특징을 모두 가졌다.

오로드로메우스
2.5m, 백악기 후기, 캐나다, 미국. 새끼는 알에서 태어나자마자 걸을 수 있었다.

쥐라기는 2억 800만 년 전부터 1억 4500만 년까지, 백악기는 1억 4500만 년 전부터 6500만 년까지.

테논토사우루스
6.5m, 백악기 전기, 미국. 주로 네발로 걸었지만 두 발로도 걸었다.

헤테로돈토사우루스
0.9~1.2m, 쥐라기 전기, 아프리카 남부. 뿔룡과 박치기 공룡의 조상으로 보인다.

힙실로포돈
1.2~2.3m, 백악기 전기, 스페인, 영국, 포르투갈. 단단한 꼬리로 균형을 잡고 재빨리 달렸다.

오우라노사우루스
7m, 백악기 전기, 니제르. 앞다리의 발가락은 뾰족한 송곳 모양이고, 등에 있는 부채 모양 돛은 체온 조절 장치로 사용했다.

캄프토사우루스
3.5~7m, 쥐라기 후기~백악기 전기, 미국, 영국, 포르투갈. 몸이 무거워 달리는 속도가 느렸다.

테스켈로사우루스
3~4m, 백악기 후기, 캐나다, 미국. 몸이 갑옷으로 덮여 있었다.

공룡의 이름, 전체 길이(입 끝에서 꼬리 끝까지), 살았던 시대, 화석 발견지, 특징순이다.

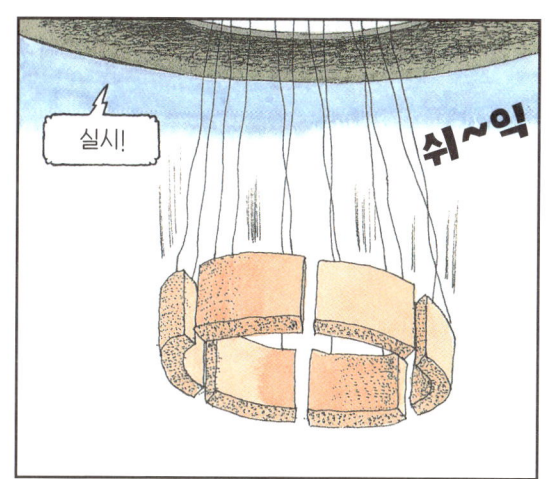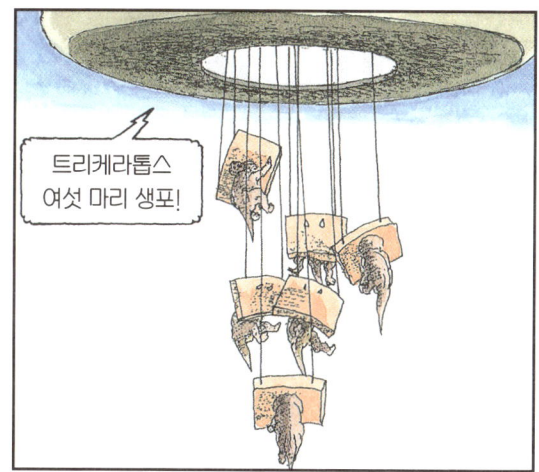

뿔룡

머리에 뿔이 있고 그 뒤에 프릴(목둘레 주름 장식)이 달린 초식 공룡으로 백악기에 번성했다. 초기 종류에서는 뿔이나 프릴이 눈에 띄지 않는다. 입 끝은 앵무새처럼 예리한 주둥이로 되어 있어서 단단한 식물도 쉽게 끊을 수 있었다. 입 안쪽에 이빨이 있었다. 뿔은 몸을 지키기 위한 무기였고, 프릴은 몸의 열을 내보내는 체온 조절 장치 같은 역할을 했을 것이다. 또 자신을 과장해 보이면서 암컷을 유혹하거나 적에게 위협을 가했다. 무리를 이루어 살며, 협력해서 적을 쫓았을 것으로 보인다. 트리케라톱스는 가장 큰 뿔룡으로 머리뼈만 해도 3m나 된다. 큰 뿔을 쳐들고 근육질의 튼튼한 다리로 적을 향해 돌진하면, 그 기세에 어떤 육식 공룡도 만만하게 보지 못했을 것이다.

파키리노사우루스
5.5~7m, 백악기 후기, 캐나다, 알래스카. 코 위에 혹이 특징이다.

안키케라톱스

4.5~6m, 백악기 후기, 캐나다. 프릴에 나 있는 구멍은 카스모사우루스의 구멍보다 작다.

프시타코사우루스
0.8~2m, 백악기 전기, 중국, 몽골. 뿔이나 프릴이 없는 원시적 공룡으로 주둥이에 뿔룡의 특징이 있다.

스티라코사우루스
5.5m, 백악기 후기, 캐나다, 미국. 코 위의 큰 뿔과 프릴에 달린 6개의 긴 뿔로 몸을 방어했다.

렙토케라톱스

1.5~3m, 백악기 후기, 캐나다, 미국. 프릴이 그다지 발달하지 않았다.

쥐라기는 2억 800만 년 전부터 1억 4,500만 년까지, 백악기는 1억 4,500만 년 전부터 6,500만 년까지.

트리케라톱스

8~10m, 백악기 후기, 캐나다, 미국. 이름은 '뿔이 3개 달린 얼굴'이란 뜻으로 뿔룡 중 가장 컸다. 티라노사우루스도 강력한 뿔과 육중한 몸의 트리케라톱스를 함부로 하지 못했을 것으로 생각된다. 프릴에 구멍이 없다.

카스모사우루스

5~8m, 백악기 후기, 캐나다, 미국. 프릴에 큰 구멍이 나 있어 가벼웠다.

프로토케라톱스

1.8~2m, 백악기 후기, 중국, 몽골. 다소 원시적이지만 프릴은 잘 발달되어 있다.

아시아와 미국에서 발견된 두 종류는 조상이 동일할 것으로 보인다.

몬타노케라톱스
3m, 백악기 후기, 캐나다, 미국.

공룡의 이름, 전체 길이(입 끝에서 꼬리 끝까지), 살았던 시대, 화석 발견지, 특징순이다.

오늘날의 식물과 곤충에 가까운 종류이다. **1.** 산딸나무 **2.** 잠자리 **3.** 메뚜기 **4.** 바퀴벌레 **5.** 귀뚜라미 **6.** 날도래 **7.** 맴돌이거저리 **8.** 버드나무

9. 중국백합 **10.** 바구미 **11.** 비단벌레 **12.** 비단벌레 **13.** 목련 **14.** 하늘소 **15.** 무화과

8. 헤스페로르니스 9. 엘라스모사우루스 10. 우로크레스 11. 틸로사우루스 12. 트로페오그나투스 13. 카투루스

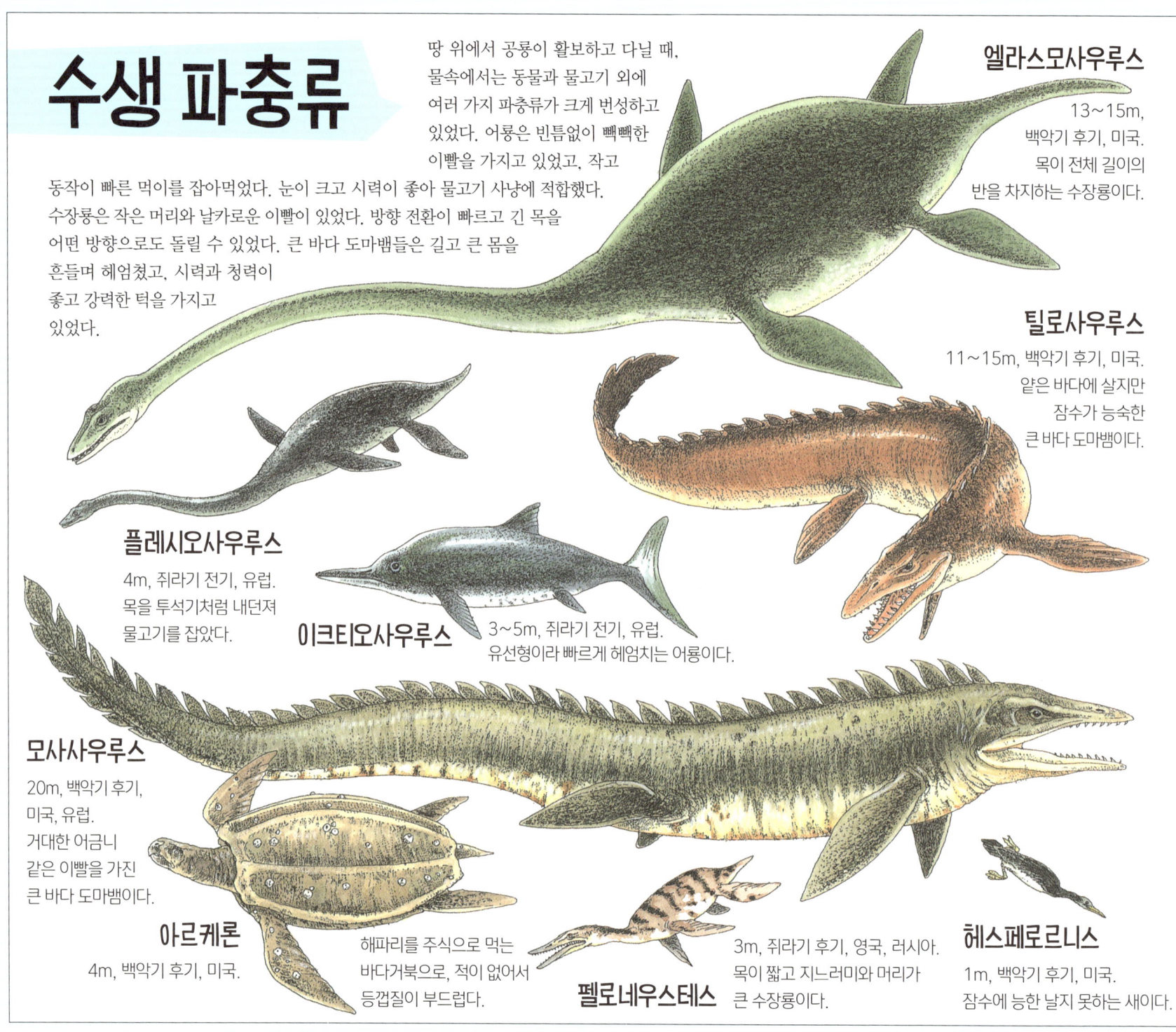

익룡

공룡시대 초기에는 하늘에 생물체가 거의 없었다. 겨우 곤충만 날아다녔을 뿐 현재와 같은 새는 없었기 때문이다. 하늘은 땅 위의 무서운 적으로부터 도망가기에 알맞은 장소였다. 익룡의 선조는 공룡과 같은 파충류로 새처럼 뼛속이 비어서 몸이 매우 가벼웠다. 앞발의 네 번째 발가락이 길게 늘어나 날개가 되었다.

케찰코아틀루스
15m, 백악기 후기, 미국. 날아다니는 동물 중 가장 컸다. 내륙에 살며 작은 동물을 잡아먹었다.

중가립테루스
3m, 쥐라기 후기~백악기 전기, 미국, 중국, 몽골. 핀셋 같은 주둥이로 조개를 깨뜨려 먹었다.

프테로다우스트로
1.3m, 백악기 전기, 아르헨티나. 수중의 작은 생물을 먹을 때는 입 속에 있는 빗 모양의 단단한 털로 훑어 먹었다.

프테로닥틸루스
45cm, 쥐라기 후기, 독일. 꼬리가 짧고 이빨의 수가 많고 곤충과 작은 물고기를 잡아먹었다.

람포링쿠스
2.5m, 쥐라기 후기, 독일. 주둥이가 뾰족했고, 꼬리는 날 때 방향 잡는 역할을 했다.

프테라노돈
3~7m, 백악기 전기~후기, 미국, 영국. 바다 위를 날며 물고기를 잡아먹었다. 이빨이 없는 긴 부리와 볏이 있었다.

디모르포돈
1.5m, 쥐라기 전기, 영국. 원시적인 익룡으로, 이빨의 수가 많고 하늘이나 땅에서 곤충과 작은 동물을 사냥했다.

시조새
1m, 쥐라기 후기, 독일. 공룡과 새의 중간 특징을 가졌다.

공룡의 이름, 전체 길이(입 끝에서 꼬리 끝까지), 살았던 시대, 화석 발견지, 특징순이다.

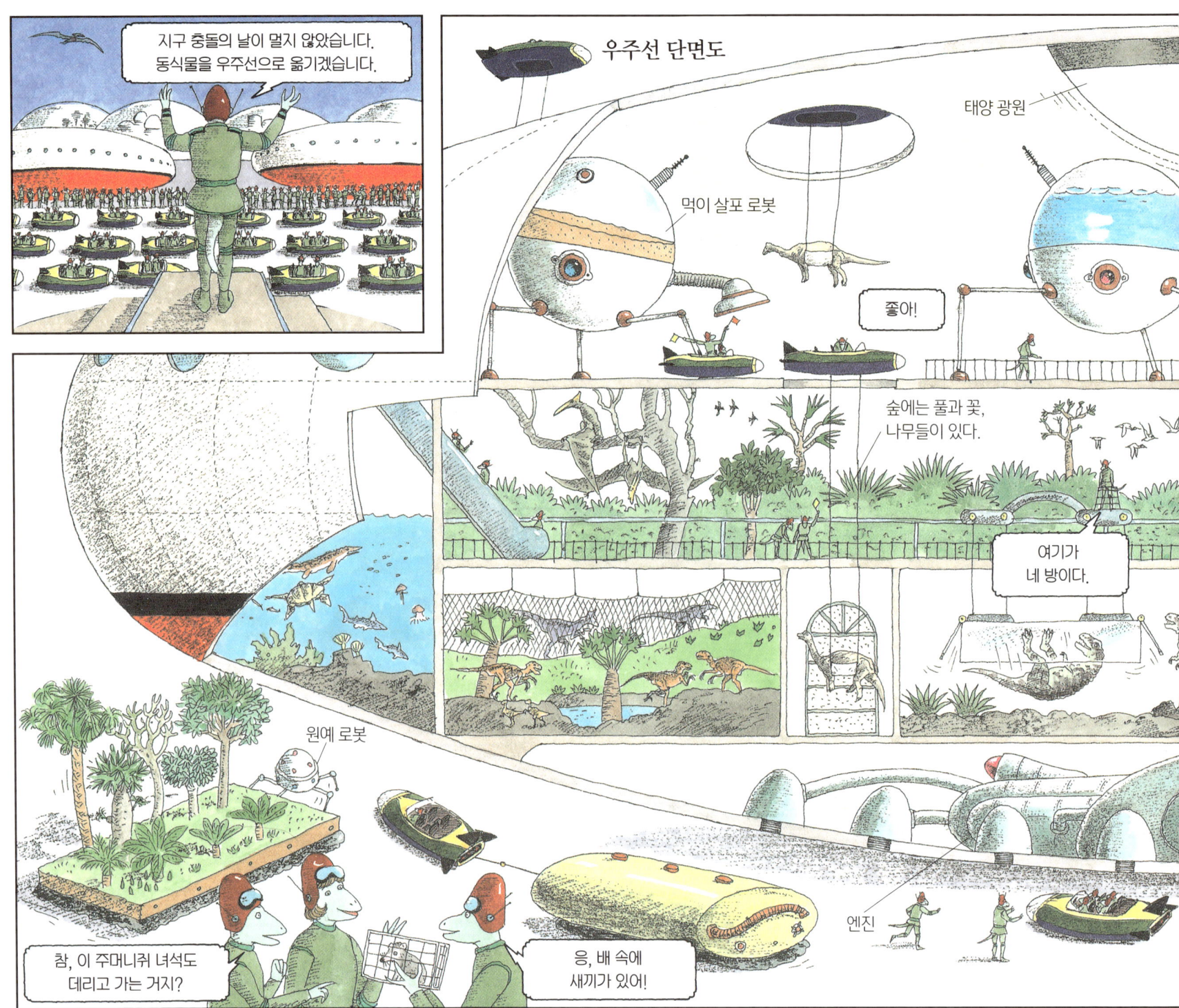

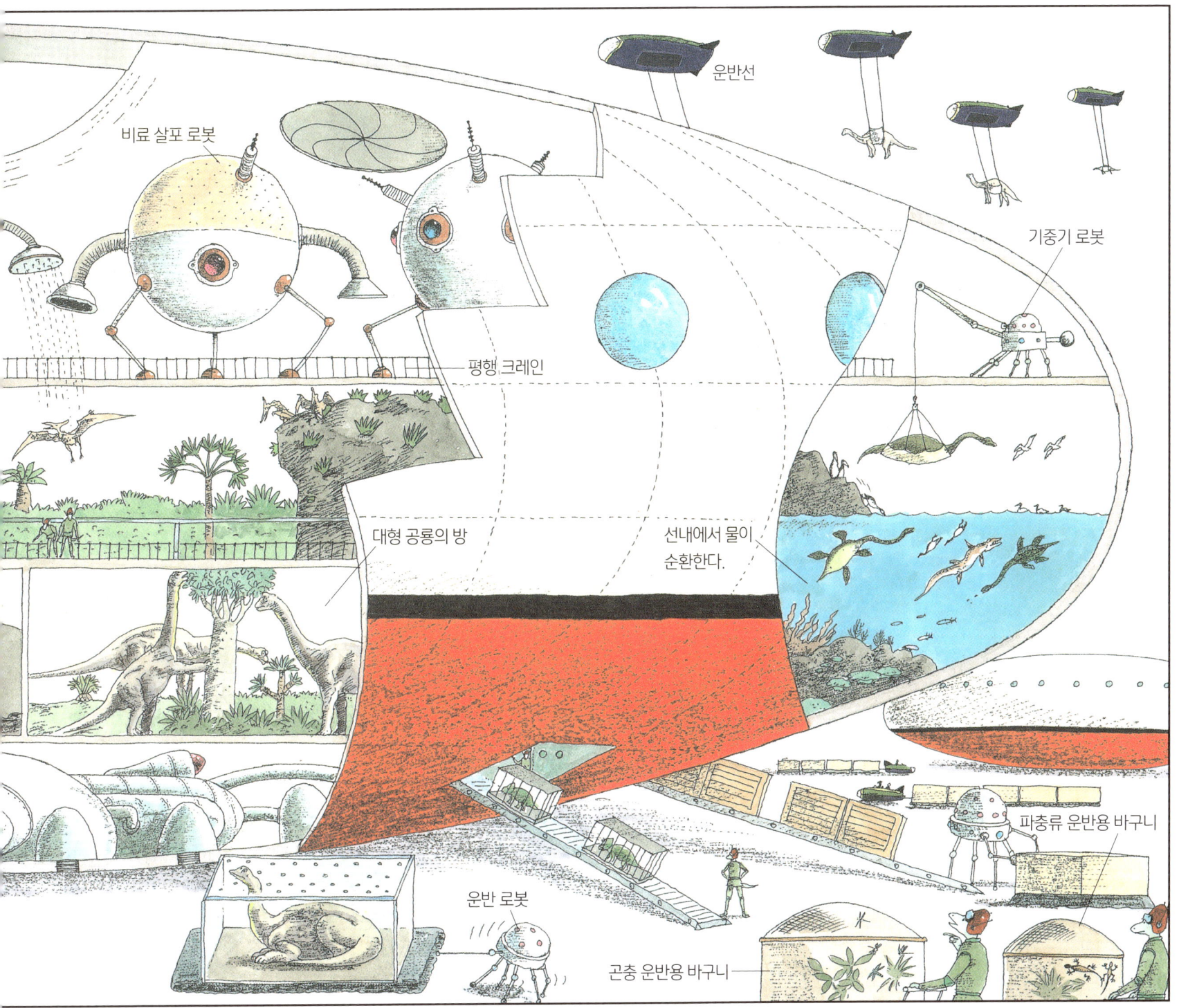

새로운 별을 찾아 떠난 지구 생명체들은 우주 어디에 정착했을까?

찾아보기

공룡

갈리미무스 43
고요케팔레 26
기가노토사우루스 39
데이노니쿠스 34, 40, 44
딜로포사우루스 40
드로마에오사우루스 41
드로미케이오미무스 42
드리오사우루스 46
디모르포돈 57
디플로도쿠스 17
라이콥테라 9
람베오사우루스 29, 30
람포링쿠스 57
렙토케라톱스 50
링쿠스 54
마멘키사우루스 17
마이아사우라 28, 29, 31
메가랍토르 41
모노니쿠스 43
모사사우루스 56
몬타노케라톱스 51
바리오닉스 39
벨로키랍토르 41
브라키오사우루스 17
사우로르니토이데스 41
사우롤로푸스 5, 30
산퉁고사우루스 31
살타사우루스 17
세이스모사우루스 16
수코미무스 38
스켈리도사우루스 20
스테고사우루스 20
스테고케라스 26
스티기몰로크 27
스타라코사우루스 50
스피노사우루스 38
시노르니토이데스 8
시조새 57
아르젠티노사우루스 17
아르케론 54, 56
아마르가사우루스 17
아비미무스 43
아파토사우루스 16
안키케라톱스 50
안킬로사우루스 21
알라모사우루스 6, 13, 14, 15, 22
알로사우루스 38
알베르토사우루스 39
암모나이트 54
에드몬토니아 18, 19, 21, 22
에드몬토사우루스 30
에마우사우루스 20
엘라스모사우루스 54, 55, 56
오로드로메우스 46
오르나토톨루스 27
오르니토미무스 42
오비랍토르 42
오우라노사우루스 46, 47
완나노사우루스 27
우로크레스 55
유오플로케팔루스 21
이구아노돈 45, 46
이크티오사우루스 56
중가립테루스 57
카르노타우루스 39
카스모사우루스 51
카투루스 55
캄프토사우루스 47
케찰코아틀루스 13, 54, 57
켄트로사우루스 20
코리토사우루스 5, 9, 31
콤프소그나투스 43
크시팍티누스 54
타르보사우루스 39
테논토사우루스 7, 44, 47
테스켈로사우루스 47
트로오돈 40
트로페오그나투스 55
트리케라톱스 7, 48, 49, 51
티라노사우루스 2, 3, 4, 33, 34, 37, 38
틸로사우루스 55, 56
틸로케팔레 26
파노플로사우루스 21
파라사우롤로푸스 31
파키리노사우루스 50
파키케팔로사우루스 24, 25, 27
펠레카니미무스 42
펠로네우스테스 56
폴라칸투스 20
프레노케팔레 27
프로토케라톱스 51
프시타코사우루스 50
프테라노돈 4, 35, 36, 54, 57
프테로다우스트로 8, 57
프테로닥틸루스 57
플라테카르푸스 54
플레시오사우루스 56
피나코사우루스 8
하드로사우루스 31
하르피미무스 43
헤스페로르니스 55, 56
헤테로돈토사우루스 47
호말로케팔레 26
힙실로포돈 46, 47

곤충

귀뚜라미 52
날도래 52
맴돌이거저리 52
메뚜기 52
바구미 53
바퀴벌레 52
비단벌레 53
잠자리 52
하늘소 53

식물

무화과 9, 53
목련 53
버드나무 52
산딸나무 52
야자 9
중국백합 53

그린이 마쓰오카 다쓰히데

니가타현 나가오카시에서 태어났습니다. 일본은 물론 중남미, 아프리카, 동남아시아 등에서 쌓은 풍부한 취재 경험을 살려 자연 과학 그림책을 다수 펴냈습니다. 《아름다운 세계의 자연》으로 후생성 아동복지문화상, 《아마존 넵튠의 투구》로 그림책 일본상, 《정글》로 후생성 아동복지문화상과 과학서적상을 수상하였습니다. 지은 책으로는 《바닷가 도감》, 《숲의 도감》, 《자연 도감》, 《모험 도감》, 《열대 탐험 도감》, 《공룡 탐험 도감》, 《맘모스 탐험 도감》, 《공룡과 친구가 되는 책》 등이 있습니다.

글쓴이 하네다 세쓰코

도쿄에서 태어났으며 도쿄 농공대학 농학부를 졸업했고, 전공은 곤충 생리학입니다. 등산과 동식물의 관찰을 좋아해 아프리카, 몽골 등 세계 각지의 동식물을 관찰했고, 자연의 아름다움과 재미를 소개하는 책을 여러 권 냈습니다. 지은 책으로는 《집요한 과학씨 오리너구리의 정체를 밝히다》, 《숲속의 포유류》, 《불가사의한 동물의 세계》 등이 있습니다.

옮긴이 박지석

공룡을 좋아하는 번역가이자 편집자입니다. 일본에서 대학을 다녔고, 책을 만들면서 틈틈이 번역을 합니다. 옮긴 책으로 《고양이가 있으니까 괜찮아》, 《고양이가 있어서 행복해》, 《숲속 생활의 즐거움》, 《마음이 설레는 집 도감》, 《생활을 아름답게 만드는 빛의 마법》, 《엄마와 아이 사이 아들러식 대화법》이 있습니다.

공룡 지구 대탈출

· 진화 공룡 트로오 이야기 ·

인쇄 - 2020년 10월 13일 | 발행 - 2020년 10월 20일

그림 - 마쓰오카 다쓰히데 | 글 - 하네다 세쓰코 | 옮긴이 - 박지석 | 발행인 - 허진 | 발행처 - 진선출판사(주)
편집 - 김경미, 이미선, 권지은, 최윤선 | 디자인 - 고은정, 구연화 | 총무·마케팅 - 유재수, 나미영, 김수연, 허인화
주소 - 서울시 종로구 삼일대로 457 (경운동 88번지) 수운회관 15층 전화 (02)720-5990 팩스 (02)739-2129
홈페이지 www.jinsun.co.kr 등록 - 1975년 9월 3일 10-92 | ISBN 979-11-90779-16-6 73490

*이 도서의 국립중앙도서관 출판예정도서목록(CIP)은 서지정보유통지원시스템 홈페이지(http://seoji.nl.go.kr)와
국가자료종합목록시스템(http://www.nl.go.kr/kolisnet)에서 이용하실 수 있습니다. (CIP제어번호 : CIP2020038183)

※책값은 뒤표지에 있습니다. ※이 책은 2000년 출간된 《공룡들의 지구 대탈출》을 새롭게 편집한 것입니다.

진선아이 는 진선출판사의 어린이책 브랜드입니다. 마음과 생각을 키워 주는 책으로 어린이들의 건강한 성장을 돕겠습니다.